Dreieinigkeit

Was lehrt die Bibel darüber?

Reihe Orientierung, Band 13
SAMENKORN

1. Auflage 2012
Bestellnummer: 894 065
Text und Herausgeber: Dr. Lothar Gassmann

ISBN 978-3-86203-065-1

Inhalt

Begriffsklärung 4

Widerspricht die Dreieinigkeitslehre der menschlichen Vernunft? 5

Steht die Dreieinigkeitslehre im Widerspruch zur Bibel? 8

Heidnische Göttertriaden und biblische Dreieinigkeit 11

Der Heilige Geist – Kraft oder Person? 12

Biblische Belege, dass Jesus Gott (und kein Geschöpf) ist 15

Philipper 2,6-11 18

In welcher Weise ist der Vater »größer« als Jesus?. 20

Johannes 1,1-3 23

Johannes 3,16 26

Johannes 10,30 28

Johannes 20,28 29

Kolosser 1,15 30

Hebräer 1 31

Ergebnis 32

Begriffsklärung

Dreieinigkeit oder Trinität (vom lat. tres = drei) ist die Lehre, dass Gott ein göttliches Wesen in drei Personen (Vater, Sohn und Heiliger Geist) ist.

Betrachten wir die Bibel im Blick auf die Dreieinigkeit Gottes, so ist zunächst festzustellen, dass sich der Begriff »Dreieinigkeit« oder »Trinität« nirgends findet. Der Begriff wurde vermutlich erst von Theophilus von Antiochia um 180 n. Chr. geprägt und von Tertullian bald darauf ausgestaltet.

Dass der Begriff nicht vorkommt, schließt aber keineswegs aus, dass die Sache, die der Begriff zusammenfasst, an vielen Stellen der Heiligen Schrift deutlich zum Ausdruck gebracht wird. Hier ist zunächst an die »trinitarischen Formeln« (»Vater, Sohn und Heiliger Geist«), Beschreibungen oder Erzählungen zu erinnern, die sich mehrmals im Neuen Testament finden, etwa in Mt 3,16f.; 28,19; 1. Kor 12,4-6; 2. Kor 13,13; Eph 4,3-6; 1. Petr 1,2; Hebr 10,29-31; Jud 20.21; Offb 1,4f. Vater, Sohn und Heiliger Geist sind hier zusammengestellt oder in ihrem (innertrinitarischen) Handeln aneinander beschrieben. Weitere relevante Stellen sind z. B. Mk 1,9-11; Lk 1,35; 3,21f.; Joh 3,34-36; 14,26; 16,13-15; Apg 2,32ff.; Röm 15,16.30; 2. Kor ,4-6; Eph 1,13f.; 2,18-22; 3,14-17; 2. Thess 2,13f.; 1. Tim 3,15f.; Hebr 9,14.

Die Lehre von der Dreieinigkeit kann so formuliert werden: Es existiert ein einziger wahrer Gott (Monotheismus). Dieser wirkt und offenbart sich als Vater, Sohn und Heiliger Geist. Der Vater ist Gott, der Sohn ist Gott, der Heilige Geist ist Gott – wesenseins existierend, und doch in drei Personen offenbar.

Jesus Christus hat während Seiner irdischen Existenz zwei Naturen besessen: wahre Göttlichkeit und wahre Menschlichkeit. Er war wirklicher Mensch: Er wuchs heran vom Kind zum Mann, empfand Hunger und Durst, Müdigkeit und Schlaf, Trauer und Freude. Er erlitt körperlichen und seelischen Schmerz und schließlich den Tod (vgl. Mt 2,1; Lk 4,2; 19,41; Joh 4,6; 13,21; 19,28.30 u.a.). Doch zugleich war und ist Er wirklicher Gott. Er besaß Macht über die Natur, konnte die Gedanken der Menschen erkennen, Sünden vergeben, Krankheiten wunderbar heilen und Tote zum Leben erwecken. Die ganzen Evangelien sind voll von solchen Berichten.

Dennoch unterschied Er Sich von Gott dem Vater insofern, als Er in Seiner irdischen Existenz irdischen Grenzen zum Teil unterworfen war: Er besaß in dieser Zeit keine Allgegenwart und Allwissenheit, sondern entäußerte Sich freiwillig dieser Eigenschaften (Kenosis; vgl. v.a. Phil 2,6-11) oder verbarg sie (Krypsis). Dies war vor Seiner Menschwerdung anders und änderte sich wieder nach Seiner Auferstehung und Erhöhung zum Vater. Die Zeit Seiner Menschwerdung wird deshalb auch treffend als »status exinanitionis« (»Zustand der Selbstentäußerung/Selbsterniedrigung der Gottheit«) bezeichnet. Wird dies nicht beachtet, dann entstehen solche Missverständnisse und Fehldeutungen wie bei den Arianern und Zeugen Jehovas.

Von verschiedenen Richtungen, etwa der Liberalen Theologie, des Islam und von Sekten wie z. B. den Zeugen Jehovas wird nämlich insbesondere die Gottheit des Sohnes Jesus Christus bestritten.

Widerspricht die Dreieinigkeitslehre der menschlichen Vernunft?

Nun betrachten wir einmal die Argumentation der Wachtturm-Gesellschaft. Die wesentlichsten Argumente gegen die Dreieinigkeitslehre haben sie in einer Broschüre zusammengefasst, die den Titel trägt: »Sollte man an die Dreieinigkeit glauben?« (im folgenden zitiert als: »Dreieinigkeit«). In dieser Schrift wird zunächst betont: »Gott ist einer, nicht drei.« Bibelstellen wie das erste Gebot (*«Du sollst keine anderen Götter haben als Mich«*) aus 2. Mose 20,2 und das Sh'ma Israel («Höre, oh Israel: der Herr, unser Gott, ist ein Gott«) aus 5. Mose 6,4 werden – durchaus treffend – für den Monotheismus (Ein-Gott-Glaube) ins Feld geführt.

Nun wird aber aus dem Monotheismus gefolgert, dass es keine Dreieinigkeit geben könne. Denn Dreieinigkeit würde bedeuten, dass es drei Götter gäbe – und das würde nicht nur der biblischen Offenbarung, sondern auch der menschlichen Vernunft widersprechen. Die Zeugen Jehovas schreiben, dass die Lehre von der Trinität »für Menschen unbegreiflich« ist. »Selbst viele, die an die Dreieinigkeit glauben, können sie nicht begreifen« (ebd., S. 4).

Interessanterweise befinden sich die Zeugen Jehovas mit diesem »Vernunft«-Argument in seltsamer Gesellschaft: auf der einen Seite mit Vertretern einer rationalistisch geprägten Philosophie und Theologie, auf der andern Seite mit dem Islam, der die Trinität ebenfalls vehement bestreitet und bekämpft.

Ich dagegen halte die Dreieinigkeitslehre nicht für unvernünftig, sondern für »übervernünftig«: die Grenzen der natürlichen Vernunft des Menschen überschreitend. Gott hat uns nie Sein innerstes Wesen so geoffenbart, dass wir jedes Geheimnis bis ins Tiefste erkennen könnten. Was wir mit unserem geschöpflichen Verstand nicht bis ins Letzte ausloten können, kann aber deshalb dennoch existent sein. Die Unbegreiflichkeit Gottes wird in der Bibel immer wieder betont (Hiob 38 f.; Jes 40,13; Röm 11,33-36; 1. Kor 2 u. a.). Aber dennoch hat uns Gott alles geoffenbart, was für unsere Rettung notwendig ist (vgl. Joh 20,30 f.). Gerade das Kreuz Christi als Punkt äußerster Erniedrigung ist zugleich der Punkt tiefster Verborgenheit des sich offenbarenden Gottes («*Mein Gott, mein Gott, warum hast Du Mich verlassen?*«; Mt 27,46; vgl. 1. Kor 1,18 ff.) und Quellort des Heils.

Gott hat uns nie aufgefordert, Seine Gottheit an sich zu erforschen oder in Seine Gedanken hineinzuschauen, aber gerade die Zeugen Jehovas appellieren immer wieder an die menschliche Vernunft, um herauszufinden, was Gott denkt, was Er plant, was Sein innerstes Wesen ist. Ein unerforschliches göttliches Geheimnis, das man »nur glauben muss«, gibt es für sie nicht.

Vollends unhaltbar ist aber die Behauptung, die Bibel enthalte keine (unerforschlichen) göttlichen Geheimnisse. Das steht zu den oben angegebenen Bibelstellen in direktem Widerspruch. *»O welch eine Tiefe des Reichtums, beides, der Weisheit und der Erkenntnis Gottes! Wie unbegreiflich sind Seine Gerichte und unerforschlich Seine Wege!«* (Röm 11,33).

Nun lässt sich zwar die göttliche Dreieinigkeit nicht mit der Vernunft bis ins Letzte begreifen, aber Erklärungsversuche hierfür gibt es durchaus, etwa durch den Vergleich mit alltäglichen Erfahrungen und Gegenständen. Als klassisches Beispiel zur Veranschaulichung der Dreieinigkeit kann das Dreieck herangezogen werden. Ein Dreieck hat drei Ecken, ist aber eines. Gott offenbart Sich in drei Personen, ist aber Einer. Die drei Personen (Vater, Sohn und Heiliger Geist) gehören in ihrem Wesen untrennbar zusammen, auch wenn sie sich nach außen unterschiedlich offenbaren.

Weitere Vergleiche sind z. B. die drei Aggregatzustände des Wassers (fest, flüssig, gasförmig) oder die »trinitarische« Beschaffenheit des Menschen (Geist, Seele, Leib) als Ebenbild Gottes.

Wenn die Zeugen Jehovas mit rationalistischen Argumenten die Dreieinigkeitslehre bekämpfen, dann handeln sie inkonsequent, denn sie schließen (etwa im Gegensatz zu Anhängern einer radikalen Kritik und »Entmythologisierung« der Bibel) Wunder und Übernatürliches nicht prinzipiell aus. So heißt es in der 1995 veröffentlichten Wachtturm-Schrift »Erkenntnis, die zu ewigem Leben führt« im Blick auf Jesus:

»Als Gottes heiliger Geist Ihn befähigte, Wunder zu wirken, heilte Er aus Mitleid die Kranken, Lahmen, Verkrüppelten, Blinden, Tauben und Aussätzigen (Matthäus 8,2-4; 15,30). Jesus speiste Tausende von hungrigen Menschen (Matthäus 15,35-38). Er beruhigte einen Sturm, der die Sicherheit Seiner Freunde gefährdete (Markus 4,37-39). Und Er auferweckte sogar Tote (Johannes 11,43-44). Diese Wunder sind gut belegte historische Tatsachen« (S. 40).

Die Anhänger der Wachtturm-Gesellschaft sind zu fragen: Wenn sie Gott zutrauen, dass Er solche Wunder wirkt oder ermöglicht, warum trauen sie Ihm dann nicht auch das Wunder Seiner dreieinigen Existenz zu?

Die Zeugen Jehovas spüren selber, dass das Rationalismus-Argument nicht ausreicht. Deshalb behaupten sie außerdem, die Trinitätslehre sei unbiblisch.

Steht die Dreieinigkeitslehre im Widerspruch zur Bibel?

Welche »biblischen« Argumente werden nun von den Zeugen Jehovas – neben dem »Rationalismus-Argument« – gegen die göttliche Dreieinigkeit vorgebracht? Ich zitiere ausführlich die Zusammenstellung der wesentlichen Aussagen in der Schrift »Die Wahrheit, die zum ewigen Leben führt« (S. 22-24):

»Im Athanasianischen Glaubensbekenntnis, das etwa aus dem 8. Jahrhundert unserer Zeitrechnung stammt, heißt es, dass alle drei Personen miteinander gleich ewig (daher ohne Anfang) und alle drei allmächtig seien. Auch heißt es darin: ›Unter diesen drei Personen ist keine die erste, keine die letzte, keine die größte, keine die kleinste.‹ Ist diese Lehre vernünftig? Und was noch wichtiger ist: Ist sie in Übereinstimmung mit der Bibel?

Diese Lehre war den hebräischen Propheten und den christlichen Aposteln unbekannt. [...] Die ersten Christen, die direkt von Jesus Christus belehrt wurden, glaubten nicht, Gott sei ein ›dreieiniger Gott‹. Als Jesus auf Erden wirkte, war Er ganz bestimmt nicht gleich groß wie sein Vater, denn Er sagte, dass es Dinge gebe, die weder Er noch irgendein Engel, sondern nur Gott wisse (Markus 13,32). Er betete auch zu Seinem Vater um Hilfe, wenn Er sich in einer Prüfung befand. (Lukas 22,41-42) Auch sagte Er selbst: ›Der Vater ist größer als Ich.‹ (Johannes 14,28) Deshalb bezeichnete Jesus Seinen Vater auch als ›Meinen Gott' und als den ›allein wahren Gott‹. – Johannes 20,17; 17,3.

Nachdem Jesus gestorben war, auferweckte Gott ihn wieder und verlieh ihm größere Herrlichkeit, als Er zuvor hatte. Dennoch war Er immer noch nicht gleich groß wie Sein Vater. Woher wissen wir das? Weil Gott danach in der Heiligen Schrift als ›Haupt des Christus‹ bezeichnet wird (1. Korinther 11,3). Die Bibel sagt auch, dass Jesus als der von Gott eingesetzte König herrschen müsse, bis Gott alle Feinde unter Seine Füße gelegt habe, und dass dann ›auch der Sohn Selbst untertan sein [werde] dem, der Ihm alles untergetan hat, auf dass Gott sei alles in allem‹ (1. Korinther 15,28, Lu). Das zeigt ganz deutlich, dass Jesus Christus auch nach Seiner Auferstehung nicht gleich groß war wie Sein Vater.

Sagte aber Jesus nicht einmal: ›Ich und der Vater sind eins.‹? (Johannes 10,30) Ja, das sagte Er. Diese Worte deuten aber nicht im geringsten eine ›Dreieinigkeit‹ an, denn Jesus sprach nur davon, dass zwei, nicht drei eins seien [...] Später machte Jesus Selbst den Sinn dieser Worte verständlich, als Er darum betete, dass seine Nachfolger ›eins seien‹, so wie er und Sein Vater ›eins sind‹ (Johannes 17,22). Jesus und sein Vater sind insofern ›eins‹, als Jesus in vollkommener Übereinstimmung mit Seinem Vater ist. [...]

Der ›heilige Geist‹, die sogenannte ›dritte Person der Dreieinigkeit‹, ist [...] keine Person, sondern Gottes wirksame Kraft. [...]

Was zeigen somit die Tatsachen über die ›Dreieinigkeit‹ oder die ›Trinität‹? In Gottes Wort, der Bibel, ist weder das Wort ›Trinität‹ oder ›Dreieinigkeit‹ noch die geringste Spur der Dreieinigkeitslehre zu finden. Diese Lehre stammt nicht von Gott. Es wird dich jedoch interessieren, zu erfahren, dass die heidnische Bevölkerung Babyloniens [...] an eine solche Lehre glaubte, ja sie verehrte sogar mehr als eine Göttertriade.«

Soweit das Zitat aus dem Buch »Die Wahrheit, die zum ewigen Leben führt«. Ich fasse die wesentlichen Ansichten der Zeugen Jehovas über die Dreieinigkeit noch einmal zusammen und skizziere deren eigene Vorstellung bezüglich Jesus Christus und dem »heiligen Geist« (klein geschrieben!), wie sie sich aus verschiedenen Veröffentlichungen ergibt.

Die Zeugen Jehovas gehen davon aus, dass in der Lehre von der Dreieinigkeit drei Götter verehrt würden: Vater, Sohn und Heiliger Geist. Das sei falsch, ja Götzendienst. Daher sei Satan der Urheber der Trinitätslehre, die er in die Welt gebracht habe, um Jehova zu schänden. Jesus sei ein menschgewordener Erzengel («Michael«) und in diesem Sinne »ein Gott«, »ein Sohn Gottes« oder »ein mächtiger Gott«, aber nicht »der allmächtige Gott Jehova« selbst. Er sei das erste und unmittelbare Geschöpf Gottes (»geschaffen, nicht gezeugt«), hatte somit einen Anfang und ist – nur in dieser Form – Schöpfungsmittler für alle »anderen« Geschöpfe. Der »heilige Geist« sei nichts anderes als Gottes unsichtbare aktive Kraft, die er benutze, um Seinen Willen durchzuführen, aber keinesfalls eine mit Gott identische Person.

Heidnische Göttertriaden und biblische Dreieinigkeit

Zunächst gehe ich auf das Argument ein, dass die Trinitätslehre heidnische Wurzeln oder Parallelen habe.

In der Tat finden sich Göttertriaden (aber auch andere numerische Zusammenstellungen, z. B. Zweierpaare oder Kombinationen von 9,11-12 oder 33 Göttern) in verschiedenen Religionen: Die Inder verehrten Brahma als Erschaffer, Vishnu als Bewahrer und Shiva als Zerstörer des Universums (wobei die drei sowie unzählige weitere Gottheiten in Brahma ihre Einheit finden). Die Ägypter beteten – ebenfalls neben vielen weiteren Göttern – die Göttin Isis, ihre Schwester Nephthys und Osiris (Sohn der Nephthys und Gatte der Isis) als eine Triade an. Eine weitere Triade in Ägypten bildeten Horos, Osiris und Isis. In Babylonien und Assyrien existierten in noch früherer Zeit mehrere Triaden. Eine bestand aus Anu, dem Herrn der Höhe und des Himmels, Ellil, dem Herrn der Luft und der Erde, und Ea, dem Herrn des Wassers und der Tiefe. Die Triade der astralen Gottheiten setzte sich aus dem Sonnengott Schamasch, dem Mondgott Sin und der Göttin des Morgen- und Abendsterns Ischtar zusammen. Ferner gab es eine Triade aus Kusch, dem Vater, Semiramis, der Mutter, und Nimrod, dem ersten Herrscher Babylons.

Hier stellt sich aber die Frage: Ist dieses Auftreten von Triaden bei heidnischen Kulten und Religionen (und es könnten noch mehr Beispiele genannt werden) ein Beweis gegen die Existenz des wirklichen dreieinigen Gottes? Könnte es nicht auch umgekehrt ein Beweis für Seine Existenz sein, nämlich ein Ahnen dieses Gottes, das durch mancherlei Verfälschungen und Verzerrungen im Heidentum entstellt ist (vgl. Röm 1,19-23)? Auch die Erinnerung an die in der Bibel (1. Mose 6-9) geschilderte Sintflut hat sich ja in manchen Sagen und Legenden verschiedener Religionen und Stämme erhalten. Am bekanntesten ist in diesem Zusammenhang das babylonische Gilgamesch-Epos, das ebenfalls von einer riesigen Überschwemmung berichtet, dabei aber den für den biblischen Bericht grundlegenden Monotheismus durch polytheistische Auffassungen verfälscht.

Der Heilige Geist – Kraft oder Person?

Über den »Heiligen Geist« lesen wir bei Joseph Franklin Rutherford in seinem Buch »Die Harfe Gottes«: »Der Heilige Geist ist die unsichtbare Kraft und Energie, der unsichtbare Einfluss Jehovas. Gott ist heilig; darum ist Seine Kraft, Seine Energie und Sein Einfluss heilig« (S. 91).

In ähnlicher Weise wird der Geist Gottes in der Wachtturm-Schrift »Sollte man an die Dreieinigkeit glauben?« als »kontrollierte Kraft« charakterisiert und sogar mit dem elektrischen Strom verglichen:

> »Die Art und Weise, wie in der Bibel der Ausdruck ›heiliger Geist‹ gebraucht wird, lässt erkennen, dass

> er eine kontrollierte Kraft ist, die Jehova Gott dazu dient, seine mannigfaltigen Vorsätze zu verwirklichen. Er kann in einer gewissen Weise mit dem elektrischen Strom verglichen werden, einer Kraft, die sich für die verschiedensten Zwecke einsetzen lässt. In 1. Mose 1,2 heißt es: ›Gottes wirksame Kraft [›Geist‹ (hebräisch: rúach)] bewegte sich hin und her über der Oberfläche der Wasser.‹ In diesem Fall diente Gottes Geist, Seine wirksame Kraft, dazu, die Erde zu gestalten« (S. 20).

Dieser Vergleich des Geistes mit dem elektrischen Strom begegnet nicht nur bei den Zeugen Jehovas, sondern auch im Okkultismus und Spiritismus, mit dem die Zeugen Jehovas infolge ihres Gottesbildes mehr gemeinsam haben, als sie wahrhaben wollen. Der verdinglichte Geistbegriff besitzt esoterische Wurzeln und ähnelt sehr der »Lebenskraft«, die unter verschiedenen Bezeichnungen in unterschiedlichen esoterischen Systemen begegnet.

Für den Okkultismus und Spiritismus ist die gesamte Wirklichkeit ein geistig-energetisches Kraftfeld. In diesem stellen Mineral-, Pflanzen-, Tier-, Menschen- und Engelreich sowie »Gott« bzw. »das Göttliche« nur unterschiedliche Verdichtungsstufen der Lebensenergie dar. Diese Lebensenergie oder Lebenskraft trägt in den einzelnen Religionen oder weltanschaulich-religiösen Systemen diverse Bezeichnungen – und doch handelt es sich um dieselbe – der Welt des gefallenen »Lichtengels« (2. Kor 11,14) entstammende – Kraft. Sie begegnet als Weltäther (F. A. Mesmer), Od-Kraft (K. von Reichenbach), Yesod (Kabbala), Mana (Polynesien), Baraka (Sufismus), Ka (Ägypten), Chi (Taoismus), Prana (Hinduismus) u.ä.

Nun kommen die Zeugen Jehovas allerdings nicht um die Beobachtung herum, dass der Heilige Geist in der Bibel als Person gekennzeichnet wird: Er spricht (Apg 13,2; 21,11), denkt (Apg 5,3; 15,28), lehrt (Lk 12,12; Joh 14,26), teilt dem Menschen Gaben zu (1. Kor 12,11) und kennt die Zukunft (Apg 21,11). Er kann betrübt (Jes 63,10; Eph 4,30), belogen (Apg 5,3) und gelästert (Mt 12,31 f.) werden. Er sucht die Gemeinschaft des Menschen (2. Kor 13,13). Er kann im Menschen Wohnung nehmen und ihn wieder verlassen, wenn der Mensch in der Sünde verharrt (Ps 51,13; Lk 11,13; Apg 2,4; 1. Kor 6,19). Er besitzt göttliche Eigenschaften: Allwissenheit (1. Kor 2,10 f.), Allmacht (Lk 1,35-37) und Ewigkeit (Hebr 9,14). Ihm eignet ein Name, auf den man getauft werden kann (Mt 28,19). Er wird gekennzeichnet als der Tröster (Paraklet), welcher Jesus nach dessen Weggang vertritt (Joh 16,7-15) und der uns liebt (Röm 15,30).

Ist der Heilige Geist eine unpersönliche Kraft – oder ist er identisch mit dem persönlichen Gott, dem Schöpfer der Welt? Diese Frage lässt sich eindeutig beantworten: Der Heilige Geist ist Gott, keine Kraft. Aber durch das Wirken des Heiligen Geistes – oder besser: als Heiliger Geist – erweist Gott nach der Erhöhung Jesu Christi zum Vater Seine Kraft auf Erden. Man kann daher auch vom »Kraftwirken des Heiligen Geistes« sprechen. Aber – um es noch einmal zu verdeutlichen – der Heilige Geist ist keine unpersönliche Kraft, sondern der persönliche Gott, der als dritte Person der göttlichen Dreieinigkeit Seine Kraft in der Gemeinde entfaltet. So sprach Jesus kurz vor Seiner Kreuzigung zu Seinen Jüngern:

»Es ist gut für euch, dass Ich weggehe. Denn wenn Ich nicht weggehe, kommt der Tröster (ho parákletos) *nicht zu euch. Wenn Ich aber gehe, will ich Ihn zu euch senden. Und wenn er kommt, wird er der Welt die Augen auftun über die Sünde und über die Gerechtigkeit und über das Gericht... Wenn aber jener, der Geist der Wahrheit, kommen wird, wird Er euch in alle Wahrheit leiten. Denn Er*

wird nicht aus sich selber reden; sondern was Er hören wird, das wird er reden, und was zukünftig ist, wird er euch verkündigen. Er wird Mich verherrlichen; denn von dem Meinen wird er's nehmen und euch verkündigen. Alles, was der Vater hat, das ist Mein. Darum habe Ich gesagt: Er wird's von dem Meinen nehmen und euch verkündigen« (Johannes 16,7-14).

Hier begegnen uns – wie auch an den anderen genannten Bibelstellen – durchweg personale Kategorien. Als abschließenden Beleg für die Identität zwischen Gott und dem Heiligen Geist verweise ich auf die Erzählung von Hananias und Saphira:

»Ein Mann aber mit Namen Hananias samt seiner Frau Saphira verkaufte einen Acker, doch er hielt mit Wissen seiner Frau etwas von dem Geld zurück und brachte nur einen Teil und legte ihn den Aposteln zu Füßen. Petrus aber sprach: Hananias, warum hat der Satan dein Herz erfüllt, dass du den Heiligen Geist belogen und etwas vom Geld für den Acker zurückbehalten hast? Hättest du den Acker nicht behalten können, als du ihn hattest? Und konntest du nicht auch, als er verkauft war, noch tun, was du wolltest? Warum hast du dir dies in deinem Herzen vorgenommen? Du hast nicht Menschen, sondern Gott belogen« (Apg 5,1-4).

Die Aussagen »Du hast den Heiligen Geist belogen« und »Du hast Gott belogen« stehen hier völlig parallel, und es kann kein Zweifel darüber bestehen, dass der Heilige Geist Gott ist.

Biblische Belege, dass Jesus Gott (und kein Geschöpf) ist

Nachfolgend gebe ich einen Überblick über Bibelstellen, die dokumentieren, dass JHWH (Jahwe oder Jehova) und Jesus eins sind. Diese Einheit wird etwa an den

Eigenschaften deutlich, die JHWH und Jesus gemeinsam haben. Aus der Fülle der Prädikate und Bibelstellen kann hier nur eine kleine Auswahl genannt werden.

JHWH ist Gott (1. Mose 1,1; 5. Mose 6,4; Ps 45,6 f.) – und Jesus ist Gott (Joh 1,1.18; 20,28; Röm 9,5; Tit 2,13; Hebr 1,8; 2. Petr 1,1; s.u.).

JHWH ist Herr in Herrlichkeit (1. Mose 15,7; 2. Mose 20,2; 4. Mose 6,24 ff.; 5. Mose 6,4) – und Jesus ist Herr in Herrlichkeit (Mk 12,35 ff.; Lk 2,11; Joh 20,28; Apg 2,36; 10,36; Röm 10,9; 1. Kor 8,5 f.; 12,3; 16,22; 2. Kor 4,5; Phil 2,11; 1. Petr 2,3; 3,15; Jak 2,1).

JHWH ist Erster und Letzter, Alpha und Omega (Jes 41,4; 48,12; Offb 1,8) – und Jesus ist Erster und Letzter, Alpha und Omega (Offb 1,17 f.; 2,8; 22,12-16).

JHWH ist Retter und Erlöser (Ps 130,7 f.; Jes 43,3.11; 48,17; 54,5; 63,8 f.; Lk 1,47; 1. Tim 4,10) – und Jesus ist Retter und Erlöser (Mt 1,21; Lk 2,11; Joh 1,29; 4,42; Apg 20,28; Eph 1,7; Tit 2,13; Hebr 5,9; 9,12).

JHWH ist himmlischer König (Ps 95,3; Jes 43,15; 1. Tim 6,14-16) – und Jesus ist himmlischer König (Offb 17,14; 19,16).

JHWH ist himmlischer Richter (1. Mose 18,25; Ps 50,4.6; 96,13; Röm 14,10) – und Jesus ist himmlischer Richter (Joh 5,22; 2. Kor 5,10; 2. Tim 4,1).

JHWH ist Schöpfer (1. Mose 1,1; Hiob 33,4; Ps 95,5 f.; 102,26.; Jes 40,28) – und Jesus ist Schöpfer (Joh 1,2 ff.; Kol 1,15-18; Hebr 1,1 ff.).

JHWH existiert von Ewigkeit her (1. Mose 1,1; 2. Mose 3,15; Ps 90,2; Dan 6,27; Röm 1,20) – und Jesus existiert von Ewigkeit her (Joh 1,1; 8,58; 12,41; 17,5; 1. Kor 10,4; Phil 2,6; Hebr 9,26; 13,8; Jud 25

JHWH vergibt Sünden (2. Mose 34,6 f.; Neh 9,17; Dan 9,9; Jona 4,2) – und Jesus vergibt Sünden (Mk 2,1-12; Apg 5,31; 26,18; Kol 2,13; 3,13).

JHWH weckt Tote auf (1. Sam 2,6; Mt 22,31 f.; Joh 5,21; Apg 2,24; 3,15; Röm 4,24; 2. Kor 1,9) – und Jesus weckt (auch im Endgericht!) Tote auf (Lk 7,11 ff.; Joh 5,21; 6,40; 11,39 ff.).

JHWH empfängt Lobpreis und Anbetung von Engeln und Menschen (5. Mose 32,43; Ps 22,28; 66,4;95,6; 97,7; 99,9; Jes 45,23; Offb 14,7; 19,10) – und Jesus empfängt Lobpreis und Anbetung von Engeln und Menschen (Mt 2,2; 14,33; 28,9. 17; Joh 5,23; 20,28; Apg 1,24; 7,59 f.; 9,10 ff.; 22,16 ff.; 1. Kor 1,2; 16,22; 2. Kor 12,8; Phil 2,10 f., Hebr 1,6; Offb 5,8 ff.)

Hinzu kommt noch eine ganze Reihe weiterer gemeinsamer Prädikate und Eigenschaften, etwa »Licht«, »Fels«, »Hirte«, »Lebensspender« und »Allgegenwärtiger«. Auffallend ist auch, dass die »Ich-bin«-Worte Jesu im Johannes-Evangelium (z. B. Joh 6,35; 8,24; 8,58; 11,25; 18,4-6) unmittelbar auf den JHWH-Namen hinweisen.

Der Neutestamentler Murray J. Harris hält als Ergebnis seiner umfangreichen exegetischen Untersuchung sämtlicher relevanter Bibelstellen zum Thema »Jesus as God« fest:

> »Es ist sicher, dass der Begriff ›theós‹ (›Gott‹) auf Jesus Christus in Joh 1,1 und Joh 20,28 angewandt wird. Es ist sehr wahrscheinlich, dass er in Röm 9,5; Tit 2,13; Hebr 1,8 und 2. Petr 1,1 auf Jesus Christus bezogen wird, wahrscheinlich auch in Joh 1,18 ... Wenn Jesus als ›theós‹ (›Gott‹) oder ›ho theós‹ (›der Gott‹) bezeichnet wird, dient dies dazu, seine Gottheit expressis verbis zu bestätigen. Sicherlich steht oder fällt aber die neutestamentliche Lehre von der Gottheit Christi nicht mit der Zahl der Stellen, an denen Jesus ›theós‹ genannt wird. Sogar wenn der Titel niemals in bezug auf Jesus gebraucht würde, ist seine Gottheit offensichtlich. Zum Beispiel ist er Empfänger der Anbetung von Menschen und Engeln und des rettenden Glaubens. Er übt Funktionen aus, die ausschließlich Gott zukommen, etwa

> beim Schöpfungsakt, beim Vergeben von Sünden und beim Endgericht. Bittgebete werden an Ihn gerichtet. Alle göttlichen Attribute sind ihm eigen. Er trägt zahlreiche Titel, die im Alten Testament auf JHWH bezogen werden« (Harris, Jesus as God, 1992, S. 271. 293; Übersetzung: L. G.).

Murray J. Harris spricht von der »substantiellen Einheit« und »personalen Unterschiedenheit« von Vater, Sohn und auch Heiligem Geist. Er führt aus:

> »Obwohl er theós (Gott) ist, wird Jesus niemals patér (Vater) oder kýrios ho theós (= JHWH elohim) oder ho mónos alethinos theós (der einzige wahre Gott) genannt ... In binitarischen oder trinitarischen Abschnitten oder Formulierungen wird nur der Vater, niemals der Sohn (oder Geist) als ho theós bezeichnet (z.B. binitarisch: 1. Kor 1,3; 8; trinitarisch: 12,4-6; 2. Kor 1,21-22; 13,14)« (Harris 1992, S. 275).

Nun gehe ich auf wesentliche Bibeltexte zum Verständnis der Dreieinigkeit ausführlicher ein.

Philipper 2,6-11

»Der in der Daseinsweise Gottes sich befand, hielt nicht gierig daran fest, Gott gleich zu sein, sondern Er entäußerte sich selbst, Sklavendasein annehmend, ein Gleichbild der Menschen wurde Er; und im Äußeren erfunden als Mensch erniedrigte Er sich selbst (und) wurde gehorsam bis zum Tod, ja zum Kreuzestod. Deshalb hat Gott Ihn auch so sehr erhöht und Ihm den Namen, der über jedem Namen (ist), geschenkt, damit im Namen Jesu jedes Knie sich beuge der Himmlischen und Irdischen und Unterirdischen und jede Zunge bekenne: Herr (ist) Jesus Christus zur Ehre Gottes des Vaters« (Übersetzung: J. Gnilka).

Jesus besaß und besitzt das Wesen Gottes, hielt aber nicht an Seiner göttlichen Stellung fest, sondern entäußerte sich selbst und nahm die »morphé doulou« («Knechtsgestalt« oder »Sklavendasein«) an. Es fand die »Inkarnation des Gottwesens« statt.

War deshalb Jesus nur ein Mensch, wie die Arianer und Zeugen Jehovas behaupten? Keineswegs. Er verzichtete lediglich während der Zeit Seiner irdischen Daseinsweise auf Seine Gleichheit mit Gott, ordnete Sich freiwillig dem Vater unter (Erniedrigung) und wurde (wie sich aus Hebr 4,15 ergibt) Mensch wie wir, doch ohne Sünde, um uns Menschen zu erlösen. Seine Inkarnation kam der Entäußerung (Kenosis) oder Verbergung (Krypsis) Seiner Gottgleichheit gleich (er verzichtete auf den Gebrauch bestimmter göttlicher Eigenschaften oder verbarg diese), die Ihm nach Seinem Kreuzestod wieder in Fülle zuteil wurde (Erhöhung). Einst wird sich *»jedes Knie vor Ihm beugen ... und jede Zunge bekennen: Herr ist Jesus Christus«* (V. 10-11).

Aus diesen Beobachtungen an dem für die Frage der Gottheit und Menschheit Jesu Christi zentralen Bibeltext Phil 2,6-11 ergibt sich folgendes Resultat, das auch für die Betrachtung der weiteren Stellen grundlegend ist: Das Verhältnis von göttlichen und menschlichen Eigenschaften bei Jesus Christus kann nur heils- und offenbarungsgeschichtlich richtig verstanden werden. Das heißt: Man darf für die Zeit der irdischen Existenzweise Jesu nicht von allen Prädikaten ausgehen, die Gott dem Vater zukommen. Ich habe schon erwähnt, dass sich der Sohn dem Vater untergeordnet hat und daher auf Erden von Seiner göttlichen Allmacht, Allgegenwart und Allwissenheit nicht immer Gebrauch machte (erst wieder nach Seiner Erhöhung). Von dieser – nur zeitweiligen! – Unterordnung (Subordination) her erklären sich z. B. die nachfolgend betrachteten Bibelstellen, die zum Teil von den Zeugen Jehovas gegen die Gottheit Jesu ins Feld geführt werden, in ihrer Bedeutung sehr klar.

In welcher Weise ist der Vater »größer« als Jesus?

Joh 14,28: *Jesus spricht: »Der Vater ist größer als Ich.«*

Hier handelt es sich um den »Parade-Vers«, den die Zeugen Jehovas und andere Antitrinitarier für die »Geschöpflichkeit« Jesu anführen. Spricht er aber wirklich gegen Jesu Gottheit?

Der Textzusammenhang macht deutlich, dass es hier um das innertrinitarische Handeln zwischen Vater und Sohn geht: Jesus spricht von Seinem Kommen vom Vater und Seiner Rückkehr zu Ihm (V. 28). Der Vater ist größer, weil von Ihm alles innertrinitarische Geschehen ausgeht, denn Er ist es, der den Sohn und den Geist sendet. Die Einheit von Vater, Sohn und Geist sowie die Sendung des Sohnes und Geistes durch den Vater wird gerade im ganzen 14. Kapitel des Johannesevangeliums besonders betont. Der Satz *»Der Vater ist größer als Ich«* kann daher nur von der im gleichen Kapitel (V. 9) wiedergegebenen Aussage Jesu »Wer Mich sieht, der sieht den Vater« und ähnlichen Aussagen her richtig eingeordnet werden. Die Unterordnung des Sohnes unter den Vater während der irdischen Existenzweise Seiner Selbstentäußerung hebt Seine Gottheit nicht auf.

Joh 5,19: *»Da antwortete Jesus und sprach zu ihnen: Wahrlich, wahrlich, Ich sage euch: Der Sohn kann nichts von sich aus tun, sondern nur, was Er den Vater tun sieht; denn was Dieser tut, das tut gleicherweise auch der Sohn.«*

Auch hier (wie an vielen ähnlichen Stellen) betont Jesus Seine völlige Abhängigkeit vom Vater während Seiner irdischen Existenz, die aus Seiner freiwilligen

Unterordnung erwächst. Dass Jesus aber gleichermaßen Gott wie Sein Vater ist, wird in den darauf folgenden Versen deutlich ausgesprochen: »Wie der Vater die Toten auferweckt und macht sie lebendig, so macht auch der Sohn lebendig, welche Er will. Denn der Vater richtet niemand, sondern hat alles Gericht dem Sohn übergeben, damit sie alle den Sohn ehren, wie sie den Vater ehren. Wer den Sohn nicht ehrt, der ehrt den Vater nicht, der Ihn gesandt hat ...« (V. 21 ff.).

Mk 13,32: *»Von dem Tage aber und der Stunde [des Weltendes und Endgerichts] weiß niemand, auch die Engel im Himmel nicht, auch der Sohn nicht, sondern allein der Vater.«*

Jesus besaß Wissen über die Art Seines Kommens und das Ende der Welt. Er nannte den Jüngern eine Vielzahl von Zeichen, welche diesen Ereignissen vorausgehen (Mt 24 parr.). »Tag und Stunde«, wann diese genau eintreffen, sollte den Jüngern, die zur »ständigen Wachsamkeit« ermahnt werden (Mt 24,32 ff.; 25 parr.), jedoch verborgen bleiben. In der inhaltlich ähnlichen Stelle Apg 1,7 sagt Jesus den Jüngern: »Es steht euch nicht zu (›ouch hymon estin‹), Zeitläufe (›chronous‹) und Zeitpunkte (›kairous‹) zu wissen.« Die Zeiten der Endereignisse sollen im Vaterwillen Gottes verborgen bleiben. Bereits im Kenosis-Streit des 17. Jahrhunderts diskutierten Vertreter der Tübinger und Gießener Theologischen Fakultäten im Blick auf solche Stellen darüber, ob Jesus wirklich keine Kenntnis des Endtermins hatte (kenosis) oder die Information Seinen Jüngern nur nicht weitergeben, sondern sie vor ihnen verbergen wollte (krypsis). Von Mk 13,32 legt sich allerdings ersteres nahe. Dies wiederum lässt sich nur mit der Menschwerdung Christi, mit Seinen selbstauferlegten Grenzen als Knecht erklären. Bereits der Kirchenvater Athanasius hat in seiner ausführlichen Erörterung der Stelle auf diesen Tatbestand hingewiesen:

> »Weshalb Er vielmehr trotz vorhandener Kenntnisse gesagt hat: ›Auch der Sohn weiß nicht‹, kann wohl keinem Gläubigen unbekannt sein, – weil er eben auch das immerhin wegen seines Fleisches als Mensch sagen konnte. Denn auch das ist nicht eine Schwäche des Worts, sondern der menschlichen Natur, der auch das Nichtwissen zukommt. Und man könnte das wohl einsehen, wenn man auch hier in redlicher Absicht nach den Umständen fragen wollte, wann und zu wem der Heiland so sprach. Denn nicht, da der Himmel durch ihn entstand, noch als das Wort beim Vater selbst war und alles ordnete, noch auch, bevor es Mensch wurde, sagte er dies, sondern als das Wort Fleisch wurde. Darum schreibt man auch alles, was Er nach Seiner Menschwerdung in menschlicher Weise sagt, mit Recht Seiner Menschheit zu« (Gegen die Arianer III, 43,BKV 13, S. 300).

1. Kor 15,28: *»Wenn aber alles Ihm (Gott) untertan sein wird, dann wird auch der Sohn selbst untertan sein dem, der Ihm alles unterworfen hat, damit Gott sei alles in allem.«*

Diese Stelle lässt sich (wie Joh 17,3; 20,17; 1. Kor 11,3 und ähnliche Aussagen im Neuen Testament) nur heilsgeschichtlich (vom »status oeconomiae« oder Zustand der Heilszeitordnungen her) und innertrinitarisch (von der gegenseitigen Beziehung der göttlichen Personen her) richtig deuten. Gott der Vater hat Seinen Sohn über alles Geschaffene gestellt; Er hat Ihm »alles unter Seine Füße getan« (V. 27). Das gilt aber nur für die Zeit bis zur Vollendung aller Dinge. Am Ende wird der Sohn dem Vater alles übergeben, was Ihm dieser untertan gemacht hat, und auch selber in Ewigkeit Seine Sohnesstellung («Unterordnung«) ausüben, die Er schon vor Grundlegung der Welt gegenüber dem Vater eingenommen hatte. Denn sonst wäre Er nicht Sohn, wenn auch in ewigem, anfangslosem Gezeugtwerden aus dem Vater, und somit göttlicher Wesensart. Martin Luther hat dieses innertrinitarische Verhältnis zwischen Vater, Sohn und Heiligem Geist sehr anschaulich erklärt:

> »... Er selbst (Gott Vater) regiere ohne Deckel. Doch nichtsdestoweniger wird Christus in Seiner Herrschaft und Majestät bleiben, denn Er ist derselbige Gott und Herr, ewig und allmächtig mit dem Vater. Aber weil er jetzt so regiert durch Sein Wort, Sakrament etc., dass es die Weltmacht sieht, so heißt es Christi Reich und muss alles Ihm untertan sein bis an den jüngsten Tag. Dann wird er zum Vater sagen: Ich habe bisher mit Dir regiert im Glauben, das gebe ich Dir über, dass sie nun sehen, wie Ich in Dir und Du in Mir seiest samt dem Heiligen Geist in einer göttlichen Majestät, und alles in dir offenbarlich haben und genießen, was sie bisher geglaubt und gewartet haben«.

Johannes 1,1-3

»Im Anfang war das Wort, und das Wort war bei Gott, und Gott war das Wort. Dasselbe war im Anfang bei Gott. Alle Dinge sind durch das dasselbe gemacht, und ohne dasselbe ist nichts gemacht, was gemacht ist« (Revidierte Lutherübersetzung 1984).

Dieselben Verse hören sich in der Neue-Welt-Übersetzung der Wachtturm-Gesellschaft so an (man beachte die Groß- und Kleinschreibung!): »Im Anfang war das WORT, und das WORT war bei GOTT, und das WORT war ein Gott. Dieser war im Anfang bei GOTT. Alle Dinge kamen durch ihn ins

Dasein, und ohne Ihn kam auch nicht ein Ding ins Dasein.«

Die NWÜ macht einen Unterschied zwischen GOTT (= »Jehova«) und »ein Gott« (= der Erzengel Michael alias der Logos Jesus alias das erste Geschöpf Jehovas oder Jehovas Wortführer).

Hier bleibt die Frage, was die Verse Joh 1,1-3 selber aussagen. Und um das zu erforschen, beginnen wir ganz am Anfang. Das Johannes-Evangelium beginnt mit dem gewichtigen Satz: »En arché een ho lógos« (»Im Anfang war das Wort«). Und dieses »lange een« war schon immer ein Hauptargument gegen die Arianer jeder Couleur. Im Unterschied zu allem, was »geworden« ist, »war« der Logos von Ewigkeit. Von Himmel und Erde (1. Mose 1,1) und wohl auch von der Weisheit (Spr 8,22), die alle geschaffen wurden, unterscheidet er sich durch Sein »ruhendes und währendes Sein«, Seine ewige Existenz. Denn »arché« bezeichnet »den Anfang schlechthin« (Theodor Zahn).

Der Logos Jesus Christus existierte also bereits, »als alles Gewordene anfing zu sein«, Seine Existenz ging »der Existenz alles Werdenden und Gewordenen« voran. Somit besitzt er »vorzeitliches, ewiges Dasein«, das nur dem allmächtigen Gott zukommt. Der Logos ist somit der ewige, unerschaffene Gott. Er gehört nicht auf die Seite der Geschöpfe, sondern Gottes des Schöpfers und Vaters, zu dem Er sich wie der in Ewigkeit geborene Sohn verhält.

Nach dieser inhaltlichen Klärung mit Hilfe des Kontextes bleibt noch die sprachliche Frage übrig, wie der Satz »kai theós een ho lógos« zu übersetzen ist: »und Gott war das Wort« oder »und ein Gott war das Wort«? Die Antwort ergibt sich aus der – auch den Zeugen Jehovas bekannten – Grammatikregel für das Koine-Griechisch, die der Gräzist E. C. Colwell formuliert hat. In der Wachtturm-Schrift »Sollte man an die Dreieinigkeit glauben?« wird hierzu folgendes ausgeführt:

> »Colwell erklärte, dass im Griechischen bei einem Prädikatsnomen, ›wenn es dem Verb folgt, der [bestimmte] Artikel steht; geht es dem Verb voraus, so steht der [bestimmte] Artikel nicht‹. Damit meinte er, ein Prädikatsnomen vor dem Verb sei so aufzufassen, als ginge ihm der bestimmte Artikel (der, die oder das) voraus. In Johannes 1,1 steht das zweite ›Gott‹ (theós), das Prädikat, vor dem Verb – ›und ... [theós] war das Wort‹. Daher behauptete Colwell, in Johannes 1,1 müsse es ›und [der] Gott war das Wort‹ heißen« (S. 28).

Nun schreiben die Zeugen Jehovas, dass ein Prädikatsnomen vor einem Verb auch unbestimmt («ein«) gebraucht werden kann. Sie verweisen auf Colwell selber, der sagte: Das Prädikatsnomen »ist in dieser Stellung nur unbestimmt ..., wenn der Zusammenhang es verlangt.« Daran schließen sie die Frage an:

> »Ist in Johannes 1,1 gemäß dem Kontext ein unbestimmter Artikel erforderlich? Ja, denn nach der Gesamtaussage der Bibel ist Jesus nicht der allmächtige Gott« (S. 28).

Wie wir gesehen haben, ist vom gesamtbiblischen und unmittelbaren Kontext her das Gegenteil der Fall.

Warum wird in Joh 1,1 überhaupt diese ungewöhnliche Konstruktion (Substantiv ohne Artikel als Prädikatsnomen vor einem Verb) gebraucht? Nur deshalb, um das Besondere des Logos Jesus Christus gegenüber den Geschöpfen hervorzuheben. Und dieses Besondere ist nichts anderes als – Seine Gottheit: »Und Gott war das Wort.«

Obwohl der Logos Gott ist, wird Er doch auch von Gott dem Vater unterschieden. Deshalb findet sich in Joh 1,1 zusätzlich die Formulierung: »Der Logos war bei Gott.« Jesus, der Logos, ist zwar gleichen Wesens mit dem Vater, vertritt aber eine andere Aufgabe und Funktion. Der Fehler der sog. Patripassianer war, dass sie behaupteten, der Vater habe am Kreuz gelitten. Hingegen war es der Sohn, der vom Vater stellvertretend für uns in den Tod gegeben wurde (vgl. Mt 27,46; Joh 3,16). Nicht allein beim Kreuzestod, sondern von Ewigkeit her übt der Sohn andere Funktionen aus als der Vater, etwa indem der Vater »alle Dinge« durch Ihn als den Lógos »gemacht« hat (Joh 1,3). Vater, Sohn und auch Heiliger Geist sind also klar voneinander zu unterscheiden, aber nicht zu trennen. Jesus ist Gott. Das Johannesevangelium beginnt mit dem Bekenntnis zur Gottheit Jesu (Joh 1,1) und endet mit ihm (Joh 20,28; s.u.).

Johannes 3,16

»Denn also hat Gott die Welt geliebt, dass er Seinen eingeborenen (monogenés) Sohn gab, damit alle, die an Ihn glauben, nicht verloren werden, sondern das ewige Leben haben« (Revidierte Lutherübersetzung 1984).

»Denn so sehr hat Gott die Welt geliebt, dass Er Seinen einziggezeugten Sohn gab, damit jeder, der Glauben an Ihn ausübt, nicht vernichtet werde, sondern ewiges Leben habe« (NWÜ 1986).

In Joh 3,16 und an anderen Stellen des Johannes-Evangeliums (1,14.18; 3,18;) sowie in 1. Joh 4,9 findet sich der Ausdruck »monogenés« in seiner Anwendung auf Jesus. Die Zeugen Jehovas folgern aus der Wortwurzel »ginomai«, dass dies ein Hinweis auf die Geschöpflichkeit Jesu und ein Beweis gegen Seine Gottheit sei. Sie schreiben in der Broschüre »Sollte man an die Dreieinigkeit glauben?«:

> »Das zugrundeliegende griechische Wort für ›einziggezeugt‹ […] lautet monogenés, von mónos,

das den Sinn von ›einzig‹ hat, und gínomai, einem Wurzelwort, das ›zum Dasein gelangen, werden, entstehen‹ bedeutet. [...] Deshalb wird monogenés wie folgt definiert: ›Allein geboren oder gezeugt, einzig(es) Kind‹. [...]

Das Leben Jesu, des einziggezeugten Sohnes, hatte somit einen Anfang. Und Gott, der Allmächtige, kann mit Recht sein Erzeuger oder Vater genannt werden, und zwar im gleichen Sinn, wie ein irdischer Vater – z. B. Abraham – der Erzeuger eines Sohnes ist (Hebräer 11,17). [...]

Wenn man bedenkt, dass Jesus nicht der einzige Geistsohn war, den Gott im Himmel schuf, wird einem klar, warum im Falle Jesu der Ausdruck ›einziggezeugt‹ gebraucht wurde. Zahllose weitere erschaffene Geistwesen, Engel, werden ebenfalls ›Söhne Gottes‹ genannt – und zwar im gleichen Sinn, wie Adam ein Sohn Gottes war – , weil nämlich ihre Lebenskraft von Jehova Gott stammte, dem Quell des Lebens. [...] Diese alle wurden jedoch durch den ›einziggezeugten Sohn‹ geschaffen, den einzigen, der direkt von Gott gezeugt worden war« (S. 16).

Hierzu ist zu sagen, dass die Zeugen Jehovas die Begriffe »gezeugt« und »geschaffen«, die in den altkirchlichen Bekenntnissen eine so große Rolle spielen, durcheinander werfen. Der in Ewigkeit vom Vater gezeugte Sohn ist eben kein Geschöpf! Er ist »Gott von Gott, Licht vom Lichte ... gezeugt, nicht geschaffen«, wie das Nicänum formuliert. Es ist unmöglich, den Begriff »monogenés«, der gerade für die anfangslose, ewige innertrinitarische Zeugung des Sohnes aus dem Vater steht, in das Gegenteil (eine zeitliche Erschaffung) umzudeuten. Was vom Menschen gezeugt ist, ist Mensch. So ist auch das, was aus Gott gezeugt ist, Gott. Zeugung kennzeichnet Wesenseinheit, Erschaffung kennzeichnet Wesensverschiedenheit.

Johannes 10,30

Jesus spricht: *»Ich und der Vater sind eins.«*

Die Zeugen Jehovas argumentieren, dass »eins« (griech. »hen«) nicht die Gottheit Jesu kennzeichne, sondern nur die Einheit in der Überzeugung und im Willen, welche Jehova und Jesus besessen hätten: Vater und Sohn seien »im Willen und in den Absichten vereint«, das Neutrum »hen« zeige eine »Einheit in der Zusammenarbeit« an (Dreieinigkeit, S. 24). Jesus und Jehova seien »eins im Geist ... eins in Zweck und Ziel, eins in harmonischem Handeln«. Sie seien gerade so eins, »wie Jesus späterhin zum Vater betete, dass die Kirche, seine Nachfolger, eins mit Ihm gemacht würde« (Rutherford, Die Harfe Gottes, S. 93).

Ist wirklich nicht ***mehr*** gemeint als eine Einheit im Wollen und Handeln? Doch! Und das wird an der darauf folgenden Reaktion der Juden deutlich, die Jesu Aussage durchaus verstanden haben: *»Da hoben die Juden ... Steine auf, um ihn (Jesus) zu steinigen ... und sprachen: Um eines guten Werkes willen steinigen wir dich nicht, sondern um der Gotteslästerung willen, denn du bist ein Mensch und machst dich selbst zu Gott«* (Joh 10,31-33). Jesu Aussage war also als Gleichstellung mit Gott verstanden worden und sicherlich auch so gemeint gewesen.

Nur weil Jesus seine Einheit mit dem göttlichen Wesen des Vaters betont hat, traf Ihn der Vorwurf der Gotteslästerung – und nur deshalb sah Er Sich zu dem auf den ersten Augenblick überraschenden Beweisgang gezwungen, der in den Versen 34-38 folgt. Dort führt Er aus, dass, wenn die Juden schon Menschen (wohl

Richter; vgl. Ps 82,6) als »Götter« bezeichnen konnten, Er viel mehr das Recht habe, Sich »Gott« zu nennen.

Johannes 20,28

Thomas sprach zum auferstandenen Herrn Jesus Christus: *»Mein Herr und mein Gott!«*

Dies ist eine der wichtigsten Stellen im Neuen Testament, wo Jesus klar als Gott bezeichnet wird. Die Wachtturm-Gesellschaft tut sich daher schwer, sie umzudeuten. In der Schrift »Sollte man an die Dreieinigkeit glauben?« führt sie aus:

> »Für Thomas war Jesus wie ›ein Gott‹, vor allem unter den wundersamen Umständen, die ihn zu diesem Ausruf veranlassten. Einige Gelehrte meinen, dies seien lediglich gefühlsbetonte Worte des Erstaunens, die Thomas zwar zu Jesus gesprochen, aber an Gott gerichtet habe. Wie dem auch sei, Thomas dachte nicht, Jesus sei der allmächtige Gott, denn er und all die anderen Apostel wussten, dass Jesus nie behauptet hatte, Gott zu sein, sondern lehrte, dass nur Jehova ›der allein wahre Gott‹ ist (Johannes 17,3)« (S. 29).

Diese »Interpretation« der Begegnung des auferstandenen Jesus mit dem zweifelnden Thomas geht total am Bibeltext vorbei, denn vom Textzusammenhang her zielt die Geschichte darauf, den Weg des Thomas vom Zweifel zum Glauben an Jesus als den Auferstandenen zu beschreiben. Deshalb antwortet der auferstandene Herr auf den Ausruf des Thomas: »Weil du Mich gesehen hast, Thomas, darum glaubst du. Selig sind, die nicht sehen und doch glauben« (V. 29). Jesus bestätigt also den Glauben des Thomas, der in seinem Bekenntnis-Ausruf zum Ausdruck kam und durch das doppelt betonte »mein« nur unmittelbar auf den vor ihm stehenden Jesus (und nicht auf Gott den Vater) bezogen sein konnte.

Aber noch ein weiteres ist wichtig: »Mein Herr und mein Gott« ist im Alten Testament eine häufige Ausdrucksweise, ein feststehender Gebetsruf zu Gott den Vater (z. B. in 2. Sam 7,28; 1. Kön 18,39; Ps 35,23; 50,3; Jer 31,18; Sach 13,9). Dass dieser Gebets- und Bekenntnisruf hier auf Jesus angewandt wird, zeigt wiederum Seine Wesenseinheit mit Gott auf.

Kolosser 1,15

»Er (Christus) ist das Ebenbild des unsichtbaren Gottes, der Erstgeborene vor aller Schöpfung« (Revidierte Lutherübersetzung 1984).

»Er ist das Bild des unsichtbaren Gottes, der Erstgeborene aller Schöpfung« (NWÜ 1986).

Die Lutherübersetzung sieht Christus auf der Seite des Schöpfers – zeitlich betrachtet: vor aller Schöpfung – stehen als dessen »Ebenbild«. Die NWÜ stellt Ihn auf die Seite der Geschöpfe – als deren »Erstgeborener« – und erkennt in Ihm nur ein einfaches »Bild« Gottes.

In V. 15 steht im Griechischen »protótokos«. »Protótokos« bedeutet »Erstgeborener«, aber nicht »Ersterschaffener«. Wäre Jesus ein Geschöpf, dann müsste »Ersterschaffener« («protóktistos«) dastehen. »Erstgeborener« aber berührt sich mit der bereits oben dargestellten Bedeutung von »monogenés« und bezeichnet den von Ewigkeit her gezeugten Sohn Gottes.

Die absolute Unterschiedenheit Jesu Christi von allen Geschöpfen – und namentlich von den Engeln, mit denen Ihn die Zeugen Jehovas gerne gleichsetzen würden – wird in der Betrachtung der nächsten Bibelstelle vollends deutlich.

Hebräer 1

Das gesamte Kapitel Hebr 1 zeigt den völligen Unterschied zwischen Gottes Sohn Jesus Christus und den Engeln auf. Die Behauptung der Zeugen Jehovas, der präexistente Christus sei der Erzengel Michael gewesen und nach Seiner Auferstehung wieder als Engel erhöht worden, entbehrt allein von daher jeder Grundlage. Ich zitiere stellvertretend für das gesamte Kapitel Hebr 1 die Verse 5-8:

»Zu welchem Engel hat Gott jemals gesagt: ›Du bist mein Sohn, heute habe Ich Dich gezeugt‹? und wiederum: ›Ich werde sein Vater sein, und Er wird Mein Sohn sein‹? Und wenn Er den Erstgeborenen wieder einführt in die Welt, spricht Er: ›Und es sollen Ihn alle Engel Gottes anbeten (proskynesátosan).‹ Von den Engeln spricht Er zwar: ›Er macht Seine Engel zu Winden und Seine Diener zu Feuerflammen‹, aber von dem Sohn: ›Gott, Dein Thron währt von Ewigkeit zu Ewigkeit, und das Zepter der Gerechtigkeit ist das Zepter Deines Reiches.‹«

Dem Sohn kommen sämtliche Gottes- und Herrscherprädikate zu, während die Engel lediglich als »dienstbare Geister« (V. 14) gekennzeichnet werden, die den Sohn anbeten sollen. Denn der Sohn allein ist Gott – und kein Engel. Engel dürfen auch nicht angebetet werden, denn das wäre eine widergöttliche Handlung. Nur Gott darf Anbetung empfangen. Dies wird durch Offb 22,8 f. bestätigt, wo es heißt:

»Und ich, Johannes, bin es, der dies gehört und gesehen hat. Und als ich's gehört und gesehen hatte, fiel ich nieder, um anzubeten (proskynesai) zu den Füßen des Engels, der mir dies gezeigt hatte. Und er sprach zu mir: Tu es nicht! Denn ich bin dein Mitknecht und der Mitknecht Deiner Brüder, der Propheten, und derer, die bewahren die Worte dieses Buches. Bete Gott an (to theo proskýneson)!«

In Offb 22,8f. und Hebr 1,6 wird beide Male das gleiche griechische Wort proskyneo («anbeten«, »huldigen«) verwendet. Die Anbetung und Huldigung, welche gemäß Offb 22,8f. allein an Gott gerichtet werden soll und welche Engel nicht annehmen dürfen, ist die gleiche Anbetung und Huldigung, welche gemäß Hebr 1,6 dem erstgeborenen Sohn durch die Engel dargebracht werden soll. Dass man zu Jesus beten kann und dass er somit Gott ist, wird durch viele weitere Stellen ausdrücklich bestätigt, z. B. Joh 14,13f.; Apg 7,59f.; Röm 10,9.13; 1. Kor 1,2 und Kol 3,17 (s.o.). Also ist Jesus Christus kein Engel, sondern Gott.

Ergebnis

Die Lehre von der Dreieinigkeit ist biblisch gut verankert, ja sie geht zwingend aus den untersuchten Bibelstellen (und vielen weiteren, die hier aus Platzgründen keine Erwähnung finden konnten) hervor. Gott ist also ein dreieiniger Gott, der sich als Vater, Sohn und Heiliger Geist offenbart. Die Gotteslehre der Zeugen Jehovas und anderer Antitrinitarier, die dieser Erkenntnis widerspricht, ist somit falsch.

Zur Vertiefung siehe: Lothar Gassmann, Kleines Zeugen-Jehovas-Handbuch, Schacht-Audorf 2007 (darin weitere Belege und genaue Quellenangaben).